Lauter gute Wünsche

Wunschflieger

FÜR DICH!

Für dich nur das Beste,
wenn du sie feiern willst, Feste,
in der Sanduhr viel Sand,
gesunden Menschenverstand,
eine sanfte, dich begleitende Hand,
wenig Ach und kein Schmerz,
liebe Menschen fürs Herz,
viel Aha und Gelächter,
beim Schlaf treue Wächter.
Dein Mund, er soll singen,
dein Tagwerk gelingen!

Das Beste für dich
wünsch ich inniglich.

Angelika Wolff

PAPIERFLIEGER

male deine Wünsche
und deine Träume
auf ein Blatt Papier
versteck es nicht
in deiner Hosentasche
bastle damit einen Flieger
küss ihn sanft zum Abschied
und schenke ihn dem Wind

alles findet seinen Weg

Cornelia Elke Schray

HEUTE IST DEIN TAG

Nicht immer
rollt sich dein Weg vor dir aus
wie ein roter Teppich.
Nicht immer
ist der Tag voller Blumen und Musik.
Nicht immer
lacht die Welt dich offen an.
Nicht immer …
aber heute!

Frank Hartmann

Tageswunsch

AN ALLEN TAGEN

Ich wünsche dir Farben in deinen Händen
Lachen in deinen Mundwinkeln
Weite in deinem Atem
Wärme in deinem Herzen
Beweglichkeit in Körper und Geist

Ich wünsche dir Leben
an all deinen Tagen
immer wieder
ganz und gar neu

Carola Vahldiek

Wunderrolle Wünsche

GUTE WÜNSCHE

Möge das Leben
dich tragen
dich begeistern
mit dir lachen und
mit dir tanzen

Möge das Leben
dir vertrauen
so wie du ihm
Möge es für dich und
mit dir singen und
sich im Takt mit dir
wiegen

Möge das Leben
weit sein und hell
bunt und facettenreich
und mit Glücksmomenten
gesegnet

Marion Schmickler-Weber

AM WEGESRAND

Ich wünsche dir
die Verwegenheit,
Wunder zu erwarten.

Mitten im Alltag
am Wegesrand.

Tina Willms

Wunschträume

JAHRESWUNSCH

Möge deine Hand
Immer ein Seil finden
Im Gebirge des Lebens
Deine Augen
Einen Fingerzeig der Sonne sehen
Im alltäglichen Nebel
Deine Ohren
Eine feine Stimme hören
Im Lärm aller Tage
Das wünsche ich dir

Carola Vahldiek

Nimm dir Zeit zum Träumen,
es ist der Weg zu den Sternen.

Aus Irland

WUNSCH FÜR DICH

Deine Sorgen
mögen dünn werden
wie eine Yogamatte
und deine Träume bunt
wie ein Schmetterling
mögest du im Leben
fest stehen wie ein Baum
der verwurzelt ist
und dessen Zweige
biegsam den Stürmen trotzen
sei stark wie eine Heldin
und frei wie ein Adler

Anna Tomczyk

Freudenwunsch

WAS ICH DIR WÜNSCHE ...

glänzende Tautropfen am Morgen
eine Rose, die extra für dich aufblüht
einen Vogel, der vor deinem Fenster singt
ein Stück von deinem Lieblingskuchen
kleine Verwöhnmomente
Freude, mitten im Tun

Anna Tomczyk

Wunschkonzert

REGENBOGENBUNT

einen Vogel wünsche ich dir
regenbogenbunt
der dich sicher
durch dein neues Lebensjahr trägt
einen
der weiß wo es für dich
am besten ist
der dir am Morgen
ein Lied singt
das Lust auf den Tag macht
und dich am Mittag
zur Siesta ruft in sein Nest –
des Abends singe er dich
in einen wohligen Schlaf
ja
einen solchen Vogel wünsche ich dir
heiter gelassen und sanft
und stark
einen Vogel
extra für dich

Eva-Maria Leiber

WUNSCHKONZERT

Ich wünsche dir
die Melodie
die dich emporhebt
leicht und wie
von Engeln
sanft umgeben
mögest du
singen
lachen
leben!

Anna Tomczyk

DU BIST EINZIGARTIG

Ich wünsche dir
dass du an jedem neuen Tag
Menschen findest
die zärtlich mit dir
an deinem Lebensteppich weben
in Liebe und Geduld

Ich wünsche dir
dass der Vorrat an bunten Fäden
unerschöpflich ist
und dich selbst sinnlose Knäuel
nicht entmutigen
auf deinem Weg

Ich wünsche dir
dass dein Kunstwerk
dich hält und trägt
und dir in jedem Augenblick
laut zuflüstert

du bist einzigartig
du bist schön

Cornelia Elke Schray

Beflügelnde Wünsche

AUF ALL DEINEN WEGEN

Ich wünsche dir
Erlebnisse, die dich beflügeln
Möglichkeiten, die dich begeistern
Begegnungen, die dich ermutigen
Augenblicke, die dich verzaubern
Menschen, die dich begleiten
auf all deinen Wegen

Marion Schmickler-Weber

Blühende Wünsche

LEBENSFREUDE BLÜHEN LASSEN

Lass deine Lebensfreude blühen,
wie der Mohn am Wegesrand.
Lass zur Blüte kommen,
was längst in dir ist.
Lass dich vom Wind wiegen,
der dich wie Gottes guter Geist umgibt.
Freu dich an dem Geschenk deines Lebens
jeden Tag.

Ursula Palm-Simonsen

SCHMETTERLINGSSEGEN

Ich wünsche dir Momente, Tage, Zeiten
voll Freude, Leichtigkeit und Glück
und die Gabe,
sie dankbar genießen zu können.

Ich wünsche dir Augen für alles Schöne,
auch das kleine, unscheinbare,
zerbrechliche,
und die Gabe,
sich ihm sanft zu nähern.

Ich wünsche dir den Glauben
an den Schmetterling,
wo du nur die Raupe siehst,
und die Gabe,
aus diesem Vertrauen zu leben.

Katja Süß

FÜLLE DES LEBENS

Alles vom Leben,
die Geburt der Farben
in Kaskaden von Licht,
die langen Stunden der Nacht,
aus denen du reifst
deiner Mitte zu,
und immer auch
einen Regenbogen
über die Abgründe deiner Angst –
alles Gute
wünsche ich dir.

Isabella Schneider

Wunschfülle

GUTE GABEN

Ich wünsche dir Hoffnung
aus ihr wächst
der Baum der Ewigkeit

Ich wünsche dir Dankbarkeit
aus ihrer Fülle
wird das Leben hell

Ich wünsche dir Liebe
in ihren Spuren
blühen bunte Blumen

Ich wünsche dir einen Engel
der dir all das bringt
was du brauchst

Cornelia Elke Schray

Mit Texten von:
Frank Hartmann: S. 4 © beim Autor. **Eva-Maria Leiber**: S. 12 © bei der Autorin. **Ursula Palm-Simonsen**: S. 16 © bei der Autorin. **Marion Schmickler-Weber**: S. 6, 15 © bei der Autorin. **Isabella Schneider**: S. 18 © bei der Autorin. **Cornelia Elke Schray**: S. 3, 14, 19 © bei der Autorin. **Katja Süß**: S. 17 © bei der Autorin. **Anna Tomczyk**: S. 10f., 13 © bei der Autorin. **Carola Vahldiek**: S. 5, 8 © bei der Autorin, www.lichtgedicht.de. **Tina Willms**: S. 7 aus: dies., Zwischen Stern und Stall, Neukirchener Verlagsgesellschaft 2015 © bei der Autorin. **Angelika Wolff**: S. 2 © bei der Autorin.

 Dieser Baum steht für umweltschonende Ressourcenverwendung, individuelle Handarbeit und sorgfältige Herstellung.

ISBN 978-3-86917-643-7
© 2018 Verlag am Eschbach,
ein Unternehmen der Verlagsgruppe Patmos
in der Schwabenverlag AG, Ostfildern
Im Alten Rathaus/Hauptstraße 37
D-79427 Eschbach/Markgräflerland
Alle Rechte vorbehalten.

www.verlag-am-eschbach.de

Textredaktion: Kathrin Clausing, Verlag am Eschbach
Gestaltung und Satz: Angelika Kraut, Verlag am Eschbach
Einbandmotiv: TK6 / Fotolia
Schriftvorlagen: Ulli Wunsch, Wehr
Herstellung: Neue Süddeutsche Verlagsdruckerei, Ulm